LA

MAISON DE FRANCE

PAR

LE COMTE DE LORGERIL DE PARIGNY

PARIS

E. DENTU, LIBRAIRE-ÉDITEUR

Palais-Royal, 17-19, galerie d'Orléans

JUIN 1871

LA MAISON DE FRANCE

Je ne prétends pas, en écrivant ces lignes, faire le portrait des membres de la plus illustre Maison de l'univers, je veux seulement en donner un simple croquis, car il me semble bon que tous les Français connaissent, au moins par leurs traits les plus saillants, les membres, si calomniés depuis vingt ans, de la Maison royale de France.

Mgr le comte de Chambord, Henri V

La naissance d'aucun prince n'a été saluée en France d'autant de transports que celle de Henri Dieudonné, surnommé, à si juste titre, l'Enfant du Miracle. La destinée de Henri de France est, en effet, merveilleuse, il naît après la mort de son père, sacrifié par un sicaire, nommé Louvel, digne précurseur de la Commune.

Transporté par la divine Providence en exil pour y faire un dur apprentissage du métier de roi, il sait se concilier tous ceux qui l'approchent et il attend le moment où la France, lasse de révolutions et presque détruite par elles, ayant reçu, elle aussi, les leçons du malheur, viendra le reprendre et lui demander de refaire sa grandeur, œuvre de ses rois, détruite, hélas! par ses fautes et ses entraînements révolutionnaires.

La Révolution de 1830 vint jeter dans l'exil le royal enfant, trois générations de rois durent quitter leur patrie. Je ne m'appesantirai pas sur cette révolution, la plus triste de toutes celles que la France a traversées depuis quatre-vingts ans. Elle marque la scission du grand parti monarchique; des deux côtés il y avait des erreurs, hélas! payées bien cher. Un prince bon, trompé par des conseillers honnêtes, mais incapables, crut pouvoir suspendre un instant la Constitution de la France, et il dut mourir dans l'exil, priant Dieu pour sa patrie.

D'un autre côté, un autre prince de la royale Maison de France, cédant à son ambition et plus encore à l'idée qu'il était nécessaire pour sauver son pays des cataclysmes épouvantables d'un second 93, crut pouvoir s'emparer de la couronne. Cette grande faute, il l'expia dix-huit ans après, lorsque chassé à son tour par l'émeute il dut quitter cette France où comme souverain il n'avait fait que du bien. Il mourut en faisant un vœu, le dernier souhait de sa vie: Que Monseigneur le comte de Chambord devienne le chef de la Maison d'Orléans. Sans doute, la faute de Louis-Philippe, que dix-huit ans de bon gouvernement n'avaient pu expier, sans doute celle de la France de

1830 est expiée : car le vœu du vieux chef de la Maison d'Orléans est accompli, accompli et audelà. Il n'y a plus de Maison d'Orléans, il n'y a plus qu'une Maison de France. Mais revenons à Henri de France: son éducation fut soignée, comme elle devait l'être, et M. de Châteaubriand, bon juge sans doute sur cette matière, ne pouvait assez admirer les progrès du jeune prince. Il n'en pouvait être autrement avec un naturel heureusement doué, car il recevait les leçons du malheur de cette femme admirable, fille et sœur de rois martyrs, épouse et tante de rois exilés. Ce fut à Londres que commença la vie publique de Henri de France ; une grande manifestation légitimiste y vint saluer sa majorité ; les notabilités de ces courtisans du malheur étaient : Châteaubriand, Berryer, Larcy, Conny, etc. Monseigneur de Chambord sut non-seulement s'attacher plus étroitement ceux qui lui étaient dévoués, mais par l'élévation de ses idées il fit devenir ses partisans ceux-là même qui, sans idées préconçues, étaient venus par un simple esprit de curiosité. Le malheur continuait à s'appesantir sur la famille royale exilée, Charles X mourut, et son fils, le duc d'Angoulême, prince d'un esprit élevé, qui n'a jamais, dit Châteaubriand, été apprécié à sa valeur, le suivait bientôt dans la tombe. Henri ne les quitta pas pendant leurs derniers instants et remplit près d'eux les devoirs d'un bon fils. Peu après mourait aussi le duc d'Orléans ; malgré les tristes divisions de cette époque, Henri de Bourbon se rappela qu'il était le chef de la Maison de France, il fit célébrer un service solennel pour l'âme de son cousin et y assista.

Cependant l'exil eut aussi ses joies. Mademoiselle, sœur de Henri de France, épousa le duc de Parme, et Mgr le comte de Chambord lui-même épousa, quelques années plus tard, la sœur du duc de Modène. Les traits caractéristiques de madame la comtesse de Chambord sont la bonté et la bienfaisance, elle rappellera sur le trône Marie Leczinska. Telle était la situation de la famille royale quand éclata la Révolution de 1848. Tout le monde connaît les tentatives de fusion faites à cette époque. Mgr le comte de Chambord y était sympathique, et il ne dépendit pas de lui qu'elles ne réussissent; elles vinrent échouer devant les scrupules, du reste fort honorables, de madame la duchesse d'Orléans. A cette même époque, Monseigneur fit connaître ses principes gouvernementaux dans une lettre à Berryer. Il se rattacha complétement aux idées exprimées par le grand orateur dans un de ses admirables discours. Ces idées peuvent s'exprimer en peu de mots : *Gouvernement constitutionnel, Représentation sérieuse, Contrôle efficace du gouvernement et du budget par les représentants du pays.* Alors survint le guet-apens du 2 décembre, Henri de Bourbon protesta avec noblesse et énergie contre cette infamie.

Pendant cette triste période de décadence, Henri de France ne s'occupa que de l'état de la France et des moyens de la sauver. Il voulait connaître la pensée intime du pays pour s'y conformer; son cabinet était un centre où aboutissaient les idées qui surgissaient de tous les points du pays. « Monseigneur, me disait un des hommes qu'il sut si bien choisir et qu'il honorait de son amitié, travaille plus et a plus de correspondance que n'en a jamais eu un ministre de l'intérieur. » Et je me rappellerai toujours qu'ayant eu l'honneur d'être admis près de lui, et, en réponse à une question, ayant émis une idée alors peu populaire en France, Son Altesse me dit avec bonté, mais vivement : « Si ce n'est pas l'idée de la France, nous ne devons pas l'avoir. » Voilà le prince qu'on accuse d'aspirer à l'absolutisme et de ne pas comprendre son temps. Mgr le comte de Chambord voulait connaître les idées de tous, sans exception. J'ai été questionné par le prince sur tout, il en a été de même de tous les Français qui ont eu l'honneur de l'approcher, et *tous l'ont pu.*

Mgr le comte de Chambord vit avec une grande douleur les événements d'Italie, dont le prélude fut l'assassinat du duc de Parme, son beau-frère. Pendant le trop peu de temps que dura la régence de Mme la duchesse de Parme, Mgr le comte de Chambord l'aida de ses conseils dans le gouvernement si populaire et si bon de son petit État, et montra de grandes aptitudes pour le gouvernement. De nouvelles peines devaient venir le frapper encore ; la spoliation des princes italiens, tous ses parents et ses amis, frappa son cœur aussi comme Français : car la grande œuvre de la Maison de France, qui, en établissant des princes français en Espagne et en Italie, avait assuré l'influence prépondérante de la France sur la race latine, disparaissait par la folie antipatriotique de Bonaparte.

La spoliation de la papauté frappa le cœur catholique du fils aîné de l'Église; la mort du duc de Levis et du comte de la Ferronays frappa le souverain et l'ami. La mort de la duchesse de Parme, sa sainte et héroïque sœur, frappa son cœur de frère. Bref, il semblait qu'il ne manquât rien pour qu'Henri de France fût sacré pour le malheur. Il devait encore être frappé dans son affection la plus chère, dans son cœur de roi. Je ne redirai pas les désastres de 1870; mais ce que personne ne pourra sonder, c'est le déchirement du descendant de tant de rois, du petit-fils de saint Louis, de Henri IV, de Louis XIV, de tous ceux qui avaient fait la France si grande, si respectée. Lui, Henri de Bourbon, il voit tomber sa puissance, il assiste à son démembrement, il ne peut rien pour elle. Aussi quels cris de douleur! quels magnifiques accents lui arrache le bombardement de sa bonne ville de Paris! Si cette protestation n'est pas celle d'un roi et d'un père, jamais il n'y en a eu. Survient enfin la terrible guerre civile, et le chef de la Maison de France écrit cette lettre que tout le monde connaît, et personne, de bonne foi, ne peut pas conclure avec lui que le retour du chef de la Maison de France, entouré de tous les princes de la Maison royale, peut seul refaire la fortune de la France. Je demande la permission de terminer ce grand sujet par un souvenir personnel : J'ai eu l'honneur d'être admis près de Mgr le comte de Chambord, et comme tous ceux qui l'ont vu, je crois que si l'on voulait peindre un type vraiment royal, il faudrait faire le portrait de Henri V.

Louis-Philippe de France, comte de Paris

Mgr le comte de Paris n'avait que quatre ans lorsqu'il perdit son père, le duc d'Orléans, et il n'en avait pas dix lorsqu'arriva la Révolution de février 1848. C'est à cet âge si tendre qu'il devint par l'abdication et, bientôt après, par la mort du roi Louis-Philippe, son grand-père, chef de la Maison d'Orléans.

Madame la duchesse d'Orléans dut donc prendre la tutelle de ses deux fils. C'est cette circonstance qui empêcha la fusion tentée à cette époque par Guizot, Berryer et autres illustrations. Madame la duchesse d'Orléans avait l'esprit trop élevé pour ne pas comprendre la grandeur du projet des plus illustres serviteurs des deux branches de la Maison royale; mais, comme mère, elle ne pouvait pas abdiquer les droits qu'une partie des serviteurs du vieux roi Louis-Philippe voulaient conserver à son fils; elle voulut attendre la majorité du chef de la maison d'Orléans; mais, pendant ce temps, un homme sans scrupules s'empara du pouvoir et la France dut supporter vingt ans de despotisme suivis de l'invasion et de la plus épouvantable révolution.

Après avoir terminé son éducation, Mgr le comte de Paris voyagea et parcourut l'Europe sur tous les points. Ensuite il fit quelques écrits empreints du plus profond libéralisme. Mais voyager, écrire, n'était pas assez pour le petit-fils de Henri IV, il voulut combattre. La cause qu'il choisit fut celle de la liberté et en même temps de l'autorité. Il combattit dans les armées Nord-Américaines contre les esclavagistes du Sud, à côté de son frère le duc de Chartres et de son oncle le prince de Joinville.

Dans cette campagne, l'héritier du trône de France montra l'héroïque et traditionnelle valeur de sa famille. Semblable à son ancêtre Henri IV, il arbora un panache blanc et comme lui fut en butte à tous les coups des ennemis. Il ne fut pas frappé. Le ciel le réserve à de plus hautes destinées. Lorsque la France, en 1870, longtemps étouffée sous la botte du tyran, commença à se réveiller, les princes d'Orléans et à leur tête Mgr le comte de Paris demandèrent au Corps législatif à rentrer en France. Cette demande, éloquemment soutenue par M. Estancelin, fut rejetée par une majorité servile. Quand éclata la guerre de 1870, suivie de l'invasion prussienne, le comte de Paris offrit en vain son épée. Plus tard, quand l'Assemblée nationale enfin réunie put venir en aide aux souffrances de la France et que commença à se poser la question de l'avenir, Mgr le comte de Paris écrivit à un de ses amis la lettre la plus éloquente et en même temps la plus désintéressée qu'on puisse lire. « Il ne doit pas être question d'abdication, disait-il, l'union doit se faire sur les principes.» Mgr le comte de Paris a épousé la fille aînée du duc de Montpensier, et il en a un fils, né en février 1869. Tel est le premier prince du sang royal de France.

Les Princes de la Maison de France

Si courtes que soient les notices de Mgr le comte de Chambord et de Mgr le comte de Paris, le cadre de cette brochure ne me permet pas d'en faire une aussi longue des autres princes de la famille royale. Qui, pourtant, en fut plus digne que Mgr le duc de Chartres, devenu l'épique Robert Lefort? Ce prince soldat rappelle à la fois Henri IV et le grand Condé. Il débute d'abord dans l'armée de Sardaigne et fait la campagne d'Italie à côté de nos soldats. Nos officiers admirent le vaillant officier piémontais sans soupçonner qu'il appartient au sang de nos rois. Robert de France s'empresse de quitter l'armée sarde, devenue armée italienne, après les attentats de Victor-Emmanuel contre le Pape et les princes italiens. Il fait ensuite avec son frère, Mgr le comte de Paris, la guerre dans l'armée Nord-Américaine. Quand arrive l'invasion prussienne, le duc de Chartres sollicite auprès de tous les gouvernements le droit de défendre la France et ne peut l'obtenir. Enfin, M. Estancelin lui donne, sous le nom de Robert Lefort, un grade de capitaine dans les éclaireurs de la Seine-Inférieure, et plus heureux que son oncle, l'héroïque prince de Joinville, il parvient à échapper aux poursuites du dictateur Gambetta. Robert Lefort a mérité la croix de chevalier de la Légion d'honneur. Cette croix de chevalier, Mgr le duc de Chartres la gardera précieusement lorsqu'il sera prince du sang et grand'croix.

La sagesse et l'intégrité sont les traits distinctifs du caractère du duc de Nemours; personne plus que lui n'a travaillé à l'union de tous les princes de la royale Maison de France autour de leur chef. Il est l'ami personnel de Mgr le comte de Chambord. Son fils aîné a épousé la princesse impériale du Brésil, et ce mariage peut avoir plus tard une immense influence sur les destinées de la France et de toute la race latine. Son second fils, le duc d'Alençon, a épousé la sœur de l'impératrice d'Autriche et de la reine de Naples.

Le nom de Mgr le prince de Joinville est déjà légendaire dans la marine, tout le monde connaît ses brillantes expéditions du Mexique et du Maroc; mais ce que l'on sait peut-être moins, c'est l'indescriptible enthousiasme qui accueillit sa candidature dans les départements où il se porta pour l'Assemblée nationale. On m'a affirmé que cet enthousiasme fut grand dans la Haute-Marne, mais, certes, il ne l'était pas plus que dans la Manche.

Electeur dans ce dernier département, je vais raconter ce que j'ai vu : Dès qu'on apprit la candidature princière, tout disparut devant elle, et les autres noms, cependant tous les plus honorables du département, qui avaient l'honneur d'être à sa suite, n'étaient plus comptés que pour peu de chose. La Manche aurait l'honneur d'être représentée par un prince de la famille royale; la Manche écarterait les lois d'exil portées contre la maison de Bourbon. On n'entendait pas autre chose; tel était le texte de toutes les conversations. Les électeurs même qui voulaient voter pour la liste dite républicaine exigeaient avant tout qu'on effaçât un nom, et qu'on portât en tête le prince de Joinville. Ceci explique les 20,000 voix en plus obtenues par le prince sur le comte Daru, le second député nommé par le département.

Mgr le duc d'Aumale est peut-être le meilleur général de France; sa réputation est européenne. Ce sera à lui probablement qu'il appartiendra de réorganiser l'armée. Sa capacité est tellement connue que les républicains lui ont offert la présidence de la République. Tout jeune, il achevait la conquête de l'Algérie, et c'est à lui qu'Ab-el-Kader rendait son épée. En 1848, il se trouvait à Alger, à la tête d'une vaillante et nombreuse armée qui l'adorait; il se retira pour ne pas allumer la guerre civile. Mgr le duc d'Aumale a prévu les dangers que l'accroissement de la Prusse, favorisé par la stupidité bonapartiste, préparait à la France. Ceux qui voudraient s'en assurer n'ont qu'à consulter la *Revue des Deux-Mondes*. Je ne parlerai pas de sa lettre au prince Napoléon, qui servit à mettre en relief la valeur bourbonnienne et la lâcheté bonapartiste. Le duc d'Aumale est député de l'Oise.

Mgr le duc de Montpensier, père de Mme la comtesse de Paris, semble, depuis son mariage avec une princesse espagnole, se rattacher à l'Espagne. Tout porte à espérer que ce prince, dont les moyens et le libéralisme ne sont contestés par personne, sera le promoteur de la fusion des Bourbons d'Espagne.

Avenir que le retour de la Maison de France doit donner à la France

Cet avenir se résume en peu de mots: à l'intérieur stabilité et liberté, à l'extérieur, restauration du prestige de la France. La stabilité dont la France a un si pressant besoin, elle ne peut la retrouver que dans sa vieille fidélité à la monarchie, qui la lui a donnée huit cents ans. Les Bonaparte, quand même ils ne seraient pas un objet de mépris universel, ne peuvent la lui donner, ils seront toujours l'objectif de la haine de l'Europe. Quant à la République, les trois dates de 1793, 1848, 1870 et les trois noms de Robespierre, Ledru-Rollin et Gambetta se chargent de répondre. La liberté, *les Bourbons seuls* nous l'ont donnée, de 1815 à 1848, en même temps que la richesse et la puissance. Quant à notre influence perdue, la Maison de France peut seule nous la rendre, et pour cela elle n'a qu'à suivre sa politique traditionnelle, reprendre l'œuvre de Henri IV et de Louis XIV, faire l'union latine en appuyant le vœu des peuples italiens et espagnols, qui ne demandent aussi eux que le retour de leurs anciens princes, chassés par la révolution et la maison de Savoie, alliés des Bonaparte et des Gambetta et aussi alliés de la Prusse.

Cette union de la race latine, sous l'influence de la France s'étendra jusque dans le nouveau monde, où un prince de notre famille royale, le comte d'Eu, est destiné à fonder une dynastie qui sera plus tard la plus puissante alliée de la France.

La France a prouvé, en nommant notre excellente Assemblée nationale, qu'elle voulait le retour de la Maison royale de France, et la pression exercée sur les électeurs par l'odieux gouvernement de Bordeaux n'a servi qu'à rendre la manifestation nationale plus éclatante. Les élections du 8 février signifient :

Vive Henri V !

Vive Monseigneur le comte de Paris !

Vive la Maison de France !

Paris. — Imp. Balitout, Questroy et Cᵉ, 7, rue Baillif et rue de Valois, 18.